Opere dello stesso autore:

- *'Asfâr wa sirâb – Viaggi e miraggi* (bilingue), ed. I Fiori di Campo, 2003

- *'Inni qarartu 'Akhîran an 'arhala b'aîdan m'a-l-laqâliq – Ho deciso finalmente… andrò via con le cicogne…* (bilingue), Collezione Maestrale, 2005

- *Poésies depuis la ville de Menton - Poésias desde la ciudad de Menton*, (bilingue) ed. Edilivre, 2008 ; ed. BOD, 2016

- *Silvia o la ilusión del amor*, ed. Lampi di Stampa, 2010

- *Tierra del Fuego*, ed. Lampi di Stampa, 2014

- *Il caimano*, ed. BoD, 2014

- *Muhît al-kalimât – Oceano di parole*, (bilingue), ed. BoD, 2014

- *Guardando altrove*, ed. BoD, 2016

- *Poesia della Nuova Era Vol. I*, ed. BoD, 2016

- *El marcalibros*, ed. BoD, 2017

- *Rosso di Marte*, ed. BoD, 2017

- *Lemhat al-hida'at - Il profilo del nibbio*, (bilingue) ed. BoD, 2018

- *Poesie della Nuova Era Vol. 2*, ed. Bod, 2020

Collezione Reincarnazione

- *Rotta per l'India* ed. BoD, 2016

- *Il ritorno dello sciamano*, ed. BoD, 2018

- *Intuizioni e memorie*, ed. BoD, 2019

- *Il banchetto*, ed. Bod, 2019

- *Sul filo del Tempo*, ed. BoD, 2019

- *Viaggiatore atemporale*, ed. BoD, 2020

- *Ritorniamo sulla Terra*, ed. BoD, 2020

Angelo Rizzi

Il terzo viaggio

Immagine di copertina: Ritratto di Vasco da Gama, di Gregório Lopes

Éditeur : BoD-Books on Demand
12/14 rond point des Champs Élysées, 75008 Paris, France
Impression : Books on Demand, Norderstedt, Allemagne
ISBN : 9782322235100
Dépôt légal : août 2020

Biografia

Angelo Rizzi è nato a Sant'Angelo Lodigiano. Ha ottenuto una Laurea in Lingua, Letteratura e Cultura Araba all'Università Montaigne-Bordeaux in Francia e ha otteuto una seconda laurea in Lingua, Cultura e Letteratura Italiana all'Università Sophia Antipolis di Nizza, sempre in Francia. Italiano madrelingua, ha composto i suoi poemi in arabo, spagnolo, francese e italiano. Grazie a questa sua particolarità, nel 2006 è stato invitato a partecipare ad un congresso all'UNESCO a Parigi, sul tema *Dialogo tra le Nazioni*.
Ha partecipato a numerosi incontri poetici di rinomanza internazionale a Roma, L'Avana, Parigi, Curtea de Argeş (Romania), Djerba (Tunisia), Porto Alegre (Brasile), Vijayawada (India). Sue poesie sono apparse in antologie e riviste in Italia, Stati Uniti, Svizzera, Cuba, Argentina, Kuwait, Spagna, Brasile, Romania, Hong Kong, India e Bolivia. Nel 2015 la *"Academia de Letras ALPAS 21"* lo ha nominato Accademico Corrispondente Internazionale.

Riconoscimenti letterari.

Tra i più importanti: Vincitore Assoluto del XX° Premio Mondiale Nosside, 2004. Menzione d'Onore per la raccolta *'Asfâr wa Sirâb - Viaggi e Miraggi*, al premio Sogno di un Caffé di Mezza Estate, 2004 e Medaglia d'Argento per la stessa opera al Premio Internazionale Maestrale, 2004. Menzione di Merito al Premio Internazionale Poseidonia Paestum, 2005. I° Premio al Premio Internazionale Tra le Parole e l'Infinito, 2008, dopo avere vinto per tre volte il 2° premio nello stesso concorso nel 2005, 2006, 2007. 3° Premio al Premio Internazionale Bodini 2009.

Menzione Internazionale al Premio Alpas 21, Brasile, 2009. 1° Premio al Premio Internazionale Città di Sassari per la poesia inedita, Italia 2010. Premio della Critica al Premio Internazionale Tra le Parole e l'Infinito, 2010. 2° Premio per la raccolta *Silvia o la ilusión del amor*, della Giuria Scuole al Premio Internazionale Città di Sassari, 2011. Menzione speciale della Giuria per la Critica per la raccolta *Poésies depuis la ville de Menton-Poesías desde la ciudad de Menton* al Premio Internazionale Città di Sassari, 2012 e Premio Speciale per la Critica della Giuria delle Scuole per la stessa raccolta. Ha ottenuto il Premio per la Migliore Opera in lingua straniera per la raccolta *Poésies depuis la ville de Menton-Poesías desde la ciudad de Menton*, al Premio Internazionale Locanda del Doge, 2013. II° Premio al Premio Internazionale Carmelina Ghiotto Zini, 2013. 1° Premio al Concorso Internazionale di Poesia Città di Voghera, 2014. 3° Classificato per la silloge inedita *Il caimano* al Premio Internazionale Città di Sassari 2014 e Menzione Speciale per la stessa opera edita e ampliata al Premio Internazionale Casentino, 2015. 2° Premio al Premio Letterario "Il litorale", per la raccolta *Muhît al-kalimât – Oceano di parole*, 2016. Menzione d'Onore sempre per la raccolta *Muhît al-kalimât – Oceano di parole*, al Premio Casentino, 2016. Premio per la Critica, per la narrativa (racconto breve), al Premio Internazionale Tra le Parole e l'Infinito, 2016 e 2018, oltre Premio della Critica nel 2015 e 2017, oltre a il Premio del Presidente nel 2019 per lo stesso conncorso. Premio per la Critica per la raccolta *Rosso di marte*, al Premio Europeo Massa città fiabesca d'arte e di marmo 2017. 1° Premio al Premio Internazionale Città di Voghera, 2019 e 2020. Oltre a diverse Menzioni d'Onore e di Merito in altri premi. È stato Finalista in vari premi internazionali in Italia, Spagna, Svizzera, Argentina, Venezuela e Stati Uniti.

Membro di *REMES* (Red Mundial de Escritores en Español); *World Poet Society*; *Poetas del Mundo* e *SELAE* (Sociedad de Escritores Latino-Americanos y Europeos) e Motivational Strips (fb).

Nel 2015, a Cruz Alta (R/S) in BRASILE, è stato nominato Accademico Corrispondente Internazionale dalla *Academia Internacional de Artes, Letras e Ciênsas* ALPAS 21.

- 2020, Il forum Motivational Strips, Mascate, OMAN, gli ha attribuito la *Golden Medal Ambassador de Literature*

- 2020, La Unión HispanoMundial de Escritores, Urubamba, PERÙ, gli ha attribuito il *Premio Mundial a la Excelencia Literaria*.

Partecipazioni Letterarie

- 2004, Reading Poetico, Istituto Italo - Latinoamericano, Roma, ITALIA.

- 2005, Fiera del Libro, L'Avana, Ospite d'Onore alla premiazione del Premio Nosside Caribe, CUBA.

- 2005, Festival della Poesia, L'Avana, CUBA.

- 2006, Reading Poetico, Fiera del Libro, L'Avana, CUBA.

- 2006, Congresso all'UNESCO sul tema "Dialogo tra le Nazioni", Parigi, FRANCIA.

- 2006, Reading Poetico, Institut du Monde Arabe, Parigi, FRANCIA.

- 2014, 2015, 2016, 2018, Salone del Libro di Montecarlo, MONACO.

- 2014, Fête du Livre, Breil sur Roya, FRANCIA.

- 2014, Festival du Livre, Mouans-Sartoux, FRANCIA.

- 2016, Festival Internazionale della Poesia, Curtea de Argeş, ROMANIA.

- 2017, Reading Poetico Internazionale in chiusura al 1° *Symposium Science et Conscience*, Djerba, TUNISIA.

- 2018, Reading Poetico Internazionale in chiusura al 2° *Symposium Science et Conscience*, Djerba, TUNISIA.

- 2019, Fiera del Libro, Porto Alegre R/S, BRASILE.

- 2019, *International Amaravati Poetry Meeting*, CCVA Vijayawada, Andra Pradesh, INDIA.

Presentazione

Fino a qualche anno fa, nel mondo occidentale, l'idea della reincarnazione faceva sorridere o provocava commenti di rifiuto, persino repulsione. La situazione è ormai cambiata e sempre più persone aderiscono a questo concetto. Circa il 35% della popolazione occidentale accetta questa idea e se consideriamo tutte le altre popolazioni, arriviamo a un totale globale oltre il 55%. Va aggiunto che tutta questa moltitudine di persone non è omogenea. A parte le persone che si riconoscono in alcune religioni e che sono più intimamente legate a questo concetto, gli altri individui vi aderiscono ciascuno a modo proprio. Del resto, credere o accettare la reincarnazione non ingaggia a nulla, non obbliga a nulla. La metempsicosi, vale a dire il fenomeno della rinascita o delle rinascite non è che la conseguenza di questa legge naturale, dove ciò che chiamiamo "anima", riveste corpi differenti nel tempo, in una moltitudine di vite, in situazioni e condizioni spesso molto diverse tra loro, per vivere l'esperienza della vita ed evolvere spiritualmente, acquisire la saggezza, fino a raggiungere uno stato elevato ed un livello tale da interrompere la catena delle rinascite. Alcuni di noi, preferiscono rifugiarsi nell'idea di una vita sola, unica; mentre altri preferiscono aderire all'idea delle vite anteriori. Questo argomento, lascia l'umano ancora diviso, ma il concetto della reincarnazione, lentamente, senza troppo rumore, ha fatto il suo cammino e guadagna ogni giorno nuovi sostenitori.

Il terzo viaggio, è l'ottavo volume della sorprendente e originale collezione di libri ideata da Angelo Rizzi. Una collezione in prosa poetica con tematica la "reincarnazione", che va man mano arricchendosi e sembra non avere fine. Leggendo questi volumi, il lettore viaggia con l'autore, accompagnandolo da un continente all'altro, attraverso epoche differenti e a volte distanti tra loro. Momenti di storia raccontati in prima persona, osservando i fatti con arguzia e moderazione, sfiorando queste reminescenze con toni leggeri e pacati. Un viaggio tra il visibile e l'invisibile, tra il finito e l'infinito.

Ci sono le onde e c'è il vento, ci sono le forze visibili e quelle invisibili. Ognuno ha gli stessi elementi nella sua vita, il visibile e l'invisibile, il karma e il libero arbitrio.

Kuan Yin

"Principio degli esseri è l'infinito... da dove infatti gli esseri hanno origine, ivi hanno anche la distruzione secondo necessità: poiché essi pagano la pena e l'espiazione dell'ingiustizia secondo l'ordine del tempo".

Anassimandro, filosofo presocratico

Il terzo viaggio

L'interlocutore

Qualcuno, un soldato
di padre spagnolo
madre portoghese
mi riferisce, ricorda
si trova sul galeone
con Vasco da Gama
durante il suo terzo viaggio
quando un ufficiale
e un altro soldato
mi nominano per caso
davanti al comandante
che prontamente
chiede mie notizie.
L'uno lo informa
che ho seguito gli spagnoli

in altre esplorazioni
l'altro interviene
corregge, dicendo:
Non subito!
Prima è tornato in India
con l'*armada* di De Albuquerque!
È notizia sicura!
Infine ha seguito gli altri
diverse volte
verso il Centroamerica.
L'interlocutore, mi riferisce
che il comandante
esprimeva elogi
nei miei confronti
come pilota*, come persona

* ufficiale di navigazione

che avevo guizzi di intuizione.

I due soldati cercano

di offrirgli altre notizie su di me

parlando per terze persone

chi affermava di avermi visto

in Guatemala

chi giurava avermi incontrato

a Panama.

Ascoltando le sue parole

centinaia di ricordi

mi attraversano gli occhi

mi entusiasmano il cuore.

Termina il suo racconto

dicendomi che Da Gama

arrivato in India come Viceré

dopo tre mesi, prende la malaria
muore, laggiù, in quella terra.
Guardo l'orizzonte
Cartagena sullo sfondo
saluto l'uomo
con un cenno del capo
gli volto le spalle
ho molto cammino
con altri
mi dirigo verso l'entroterra
verso la tribù *chibcha*
dove mi attende lo sciamano.

La prima teoria

Un giorno il Maestro ci chiese :
Qual'è la relazione
tra il bene e il piacere?
Subito ci fu fermento
si evidenziarono
tre linee di pensiero.
Uno dei nostri scienziati
più dotati, proponeva:
Il piacere è il bene supremo!
Visto che ogni essere razionale
o privo di ragione
tende al piacere
ogni cosa oggetto di scelta
è conveniente!
Se tutti gli esseri

sono portati verso il piacere
questo indica che per tutti
è il bene supremo.
Se il dolore è male
e il piacere il suo contrario
il piacere
non può essere che bene!
A difesa della sua teoria
aggiungeva che di fatto
il piacere non è lodato
pur essendo un bene
e questo poneva il piacere
superiore alle cose
che venivano lodate.
La sua teoria

era l'intenzione
di distinguere
l'edonismo ragionato
dall'edonismo volgare
l'argomento era sottile, acuto.
Non si poteva nascondere
che il piacere potesse avere
anche un valore ambiguo.
La sua posizione era sorretta
dall'esempio della sua vita
ineccepibile
sotto il profilo morale.

La miniatura

Teneva un diario Sir Thomas*
lo redigeva ed aggiornava
appena succedeva
qualcosa di interessante
annotava le sue riflessioni
non riteneva di avere grandi doti
come scrittore
ma attribuiva molta importanza
al concetto di memoria
del lasciare traccia degli eventi
dei mutamenti
e ne ero certo, si divertiva
a posare sul foglio
le sue impressioni
sull'imperatore, sui cortigiani

* *Ritorniamo sulla Terra*, Angelo Rizzi, ed. BoD, 2020

sul principe ambizioso.
Me ne parlava di questo diario
me lo faceva leggere
vi raccontava che a seguito
di numerosi rimproveri
e tentativi falliti
di trovare i regali giusti
per convincere il Gran Moghul
a concedere
i privilegi commerciali inglesi
ricorse a fornire al sovrano
una miniatura d'arte
della sua collezione privata
raffigurante l'Inghilterra.
Il re dei re, intrigato

convocò

tutti i pittori di corte

per sapere se fossero stati in grado

di realizzare un'arte simile.

La seconda teoria

Il nipote per alleanza, del Maestro
intervenne nel dibattito
opponendosi
frontalmente al primo.
Nella sua tesi affermava:
Il piacere non è mai un bene!
Notai che così dicendo
non attestava che fosse un male
sfumatura tra le righe
che lo poneva
in posizione più forte
più difficile da confutare.
Uomo arguto, molto abile
non fui stupito in seguito
di sapere

che fu proprio lui
a dirigere la Scuola di Atene*.
Sosteneva anche :
Il bene è sì, un fine, perfetto
cioè fine a se stesso
ma il piacere non è un fine
piuttosto un processo
percepito dai sensi
che porta
ad una condizione naturale
e come tale è certamente positivo.

* *Intuizioni e memorie*, ed. Bod., 2019; *Il banchetto*, ed. Bod, 2019
Sul filo del tempo, ed. Bod; *Viaggiatore atemporale*,ed. BoD, 2020
Ritorniamo sulla Terra, ed. Bod, 2020 di Angelo Rizzi

La scatola

Un altro giorno, in un'altra città
rendemmo visita all'imperatore
in un altro dei suoi palazzi.
Sir Thomas, gli recò una piccola
scatola di cristallo
intagliata nella pietra, ad arte
tutta intarsiata, di raffinato stampo
un pezzo così raro
che mai si era visto in India
come poterono testimoniare
tutti gli orafi e i dipendenti
residenti a corte.
Il mio mentore
aveva annotato nel diario
questo regalo definito "curioso"

dove la curiosità si riferiva
alla lavorazione delicata
la scultura precisa e minuta
curioso per la sua rarità
la sua qualità unica
l'ineguagliabile abilità
dell'artigiano.
Una rarità
che si trasformava in profitto
dove il prezzo variava secondo
l'apprezzamento del sovrano.
L'ambasciatore
sembrava soddisfatto
aveva raggiunto tre obbiettivi
uno politico

la capacità di diventare
qualcosa di meglio
rispetto ai suoi rivali
su un mercato come questo
commerciale, competitivo
uno economico
di aumentare il valore
della piccola scatola
uno diplomatico
più prestigioso e costoso
era il presente
maggiori erano le possibilità
di ottenere la preferenza del re dei re
rispetto ad altri donatori stranieri.

La terza teoria

In un tentativo di mediazione
Platone asserì
che la vita migliore
non coincide
né con la saggezza
né con il solo piacere
ma con una mescolanza
di entrambi.
Il suo intervento nel dibattito
con la sua teoria intermediaria
servì a placare gli animi
essendo ben manifesta
tra gli altri due
una certa rivalità
anche se in effetti

tendeva più per il nipote.
Aristotele, più giovane di noi
altro rivale di questo nipote
si intromise
avvicinandosi alla prima teoria
del sapiente scienziato
asserendo con veemenza
che il piacere
è di per sé un bene
quindi un bene sempre
anche se non è il bene supremo.
Quanto a me e Corisco*
mio fraterno amico
dissentivamo su questo tema
lui, preferì la prima tesi

mentre io mi allineavo
con il maestro.

Nuove competenze

Sono rimasto al servizio
di Sir Thomas Roe
alla corte *moghul*
per tutta la durata
dell'ambasciata
del resto Françoise
la veggente
me l'ha confermato
aggiungendo però
che non era stato lui
ad "aprirmi le porte".
Cosa intendeva
non lo so ancora
evoluzione, forse
carriera personale

realizzazione.
Non so ancora
se abbia perseverato
per quella strada
quella professione
o abbia tentato
qualcos'altro
un nuovo avvio
esplorato un'altra sfera
per arricchirmi
di nuove competenze.
L'intuizione mi indica
che mi sono disimpegnato
dopo questa felice avventura
durata più di tre anni

non volendo seguire
il mio mentore
nella missione successiva
presso la corte ottomana.

Missione segreta

Prima di partire
con Vasco da Gama
ho navigato
con Duarte Pacheco Pereira
eccellente militare, geografo
astronomo, matematico.
Siamo salpati
in missione segreta
verso il mare Oceano
al di là di Capo Verde
per esplorare
nuove vie marine.
Talmente segreta
da occultare in seguito
alcune informazioni

per non svelare agli spagnoli
le nostre mire
le nuove scoperte
a causa del trattato
che divideva il mondo in due
tra noi e loro.
Abbiamo scoperto noi il Brasile
noi per primi
ma non l'abbiamo rivelato
tranne al re ed ai ministri
perché il trattato
firmato proprio
dal nostro comandante
stabiliva il meridiano
a favore della Spagna.

Abbiamo progredito
per molte miglia
avvicinandoci
a questo grande paese
cartografando
i venti, le correnti
scandagliando le profondità
per fissare rotte
sempre più rapide, sicure.
Dovevamo guadagnare tempo
nella speranza
di un nuovo trattato.
Siamo partiti con otto navi
un'esperienza importante
iniziavo a farmi conoscere
a farmi una reputazione.

La cerimonia

Una delle due figlie
dello sciamano *chibcha*
è morta, la più giovane
la sorella di mia moglie.
A lui spetta, scegliere
il luogo per la sepoltura
seguendo un rito complesso
preciso
indica agli uomini
dove scavare, si ritira.
La madre, con l'altra figlia
intona un canto lento
quasi senza parole
posano piccole pietre verdi
sul fondo della tomba

e conchiglie.
Lo sciamano solleva il corpo
altri lo aiutano
lo adagiano in posizione fetale
segno di rinascita in un'altra vita
o di proseguimento
di una forma di vita
nell'altro mondo.
La testa è riposta verso est
si riempie la fossa
seguono movimenti rituali
attorno alla tomba
tutti si ritirano.
La cerimonia
è durata due ore.

Troubadours

La società feudale
si trasforma
l'aspirazione cavalleresca
è ormai sfinita
le corti diventano
più raffinate
il menestrello
è sostituito dai *troubadours*
i trovatori
compositori, interpreti
di poemi, loro o d'altri
il loro merito
è di essere innovatori
il mio merito
con gli altri.

Sono stato menestrello
più di cento anni fa
forse centocinquanta
in un altro paese, un'altra vita
ora sono un trovatore
che vaga per la Provenza.
Apparteniamo
ai livelli più diversi
alcuni iniziano come giullari
altri, vi arrivano alla poesia
con un percorso privilegiato
partendo da in alto.
Come la maggior parte
valvassori o valvassini
sono un piccolo signore

a corto di denaro
ma conservo il titolo.
Spesso figli cadetti
di famiglie
dalla fortuna declinante
personalmente
sono figlio unico
bardo moderno
anche musico
la *ghironda* il mio strumento
mi accompagna
un altro musico
con vari tipi di percussioni
che segnano il ritmo delle danze.
Alta e bassa nobiltà

ma c'erano anche dei borghesi
alcuni per passione
attratti, dalla vanità del mondo
altri con problema pecuniario
persino uno che sarà papa
con il nome di Clemente
due vescovi
dei canonici.
Ho vagato
frequentando le corti
ancora una volta
lo penso, lo intuisco, lo sento
esistenza breve, deliziata, gaia
come una pausa, una tregua
un respiro, un sollievo

tra due vite più intense
affrontando prove
più ardue, più consistenti.

A Leuttra, d'estate

Inizia la battaglia
attacchiamo per primi
un nugolo di frecce
saettano silenti
verso il cielo
giungono all'apice
dell'arco celeste
per ricadere minacciose
sui nemici
come uno stormo di rapaci.
Sono *lochagos*, tebano
comando
dieci ranghi di opliti
giavellotti e daghe
archi, scudi rotondi

siamo in numero inferiore.
Il nostro generale
Epaminonda
è genio militare
inventa la *falange obliqua*
la nostra fascia sinistra
il *battaglione sacro*
soldati due a due
uniti da legami affettuosi
affiancati da truppe scelte
sbaragliano il lato destro
dell'avversario
li sosprendono, li accerchiano
li vincono.
I comandi, gli ordini

si mescolano a sconforto
grida, rumori di metalli
il loro re, ferito mortalmente
la stessa sorte per molti ufficiali
sorpresa, avvilimento, scompiglio
i sopravvissuti fuggono
altri gettano le armi
gli invincibili, i temibili
eccezionali soldati
mito universale
sono stati sconfitti
è giorno di gloria
di gioia
oggi entriamo nella storia
entriamo dalla grande porta

comincia la fine
delll'egemonia di Sparta
inizia, il predominio di Tebe.

Resilienza

Tre anni prigioniero

dei veneziani*

a remare, in una galera

tre lunghi anni, impietosi

alcuni sopravvivevano

altri si spegnevano

consumandosi come candele.

Solo la resilienza

costante, silenziosa

unica via d'uscita.

Cercavo di non perdere

il conto dei giorni

per restare aggrappato

al presente

per non scivolare via

* *Il ritorno dello sciamano*, Angelo Rizzi, BoD, 2017

tra le monotone onde

della fatica, dell'illusione.

Incidevo piccole tacche

nel legno del remo

che poi riportavo sul muro

della cella che mi attendeva

a terraferma.

I due generali

Epaminonda era per noi
"l'uomo ideale"
eccezionale soldato
accorto politico
personalità di specchiata virtù.
Di famiglia onorabile
caduta in povertà
da molte generazioni
ma la sua educazione
fu superiore a quella degli altri
istruito a suonare la cetra
il flauto
istruito al canto
alla danza.
Suo maestro di filosofia
un uomo triste e severo

dal quale si distaccò
dopo aver sorpassato
i suoi condiscepoli
in tutte le scienze
in eloquenza
era senza rivali.
In palestra
non dava importanza
ad acquisire la forza
quanto all'agilità del corpo
si esercitava a correre, a lottare
ad usare le armi.
Al vigore del corpo
univa le qualità dell'anima
era modesto, prudente, grave

coglieva l'opportunità
delle circostanze
abile nella tattica
ardito, intrepido.
Amico della verità
non mentiva mai
neanche per gioco
di natura dolce, paziente
sopportava
le ingiustizie del popolo
e quelle degli amici
dei servizi resi
non raccolse che gloria.
Non posso dire che fossimo amici
avevamo reciproca stima

schietta considerazione
ma intuivo ulteriore affinità
con Pelopida
altro straordinario stratega
con il quale condividevo
maggiore familiarità.

A ritmo di staffile

Vivere su una galea
maleodorante
era una cosa impensabile
per gente normale
equivaleva ad essere
in un girone infernale
pensabile invece
per gente sadica, perversa
gente che usava la superbia
la cattiveria, la sopraffazione
come moneta usuale
vale a dire gli aguzzini
quando ci governavano
a ritmo di ingiurie e staffile.
Vi erano schiavi, forzati

volontari

schiavi musulmani

o cristiani nemici

galeotti di delitto comune

volontari, spesso reietti

marginali, esclusi.

Le condizioni igieniche a bordo

erano assurde

il fetore ci accompagnava

annunciando spesso

l'arrivo della galera in porto.

Nei momenti inattivi

smontavamo tutte le parti

adibite al remeggio

pulendo energicamente

con acqua ed aceto.

Dotato di vigore fisico

e resistenza alla fatica

ho potuto sopravvivere

nell'attesa di un riscatto

che non arrivava.

Symposion

Pelopida, mi invitava spesso
nei frequenti *simposi*
dove gli uomini liberi
si riunivano per offrirsi
in banchetti decadenti
chiamati *colloqui*.
Un invitato
poteva venire, accompagnato
dai suoi propri amici
purché questi uomini
animassero la serata
con spirito e conversazione.
Era necessario osservare
precisi rituali
l'etichetta esigeva

che gli invitati si bagnassero
si pulissero
prima d'assistere ad un banchetto.
L'educazione dettava
che una volta installati
si prendesse qualche istante
per guardare attorno
lodare
i ricchi dettagli del soffitto
le decorazioni, i tappeti
che adornavano l'androne.
La cena era semplice, frugale
formaggio, cipolle
olive, fichi, aglio
accompagnati da puré

di fagioli e lenticchie
la carne servita a bocconi
la si afferrava con le dita
senza coperti ne tovaglioli
ci asciugavamo le mani
su tranci di pane, che poi
gettavano ai cani.
Il dessert
era composto da frutta
uva, ancora fichi
tutti gli alimenti
impregnati di vino greco
il festino era
solo il preludio
al vero scopo della serata.

Schiavi e inservienti
spostavano i tavoli
sistemavano la grande sala
riempivano le caraffe
perché il *colloquio*
potesse cominciare.
Il vino all'inizio
era mescolato all'acqua
per evitare che l'ebbrezza
prendesse il sopravvento
sul dibattito.
Dopo il pasto
riprendeva il rituale
ci profumavamo
mettevamo ghirlande

di mirti o di fiori.
In seguito, libagioni di vino
non diluito
erano versate nelle brocche
si spargevano gocce di bevanda
in onore di un dio dell'Olimpo
scelto dall'ospite.
Erano occasioni
per riflettere e filosofare
nonché per aprezzare
piaceri della carne, del vino.
Dopo tre bicchieri
il comportamento dei convivi
iniziava ad alterarsi
si elevavano canti

accompagnati dalla lyra
le suonatrici di flauto
arrivavano un po' più tardi
vestite con abiti succinti
a volte trasparenti
o seminude
potevano anche offrire
prestazioni sessuali
erano presenti giovani efebi
partecipavano altre donne
delle cortigiane.
Ho assistito a dei simposi
in compagnia degli uomini
più brillanti, più eruditi
provenienti a volte da altre città

ma la maggior parte dei *colloqui*
erano meno saggi, equilibrati
si chiaccherava
si ponevano enigmi
si mimava con caricature
alcuni personaggi noti della *polis*
il finale sfumava
in gozzoviglia e baccanale.
Terminavano per strada
con un corteo di invitati
camminando
con passo titubante.

Libertà

Vi è cruenta battaglia
vicino a un'isola
lungo la costa croata.
Fortuna vuole
che il remo al quale
sono incatenato
appartiene
a nave di riserva
di rinforzo
e non colo a picco
come succede
a molte galere.
Dalla mia posizione
non vedo, non so
odo grida di incitamento

urla lontane

di gente che muore

ne arriva l'eco

fracasso di prue

armate a rostro

mentre si infrangono

nelle fiancate avverse.

Cerco di indovinare l'esito

ma non è facile, l'attesa è lunga

nel trambusto generale

spero, con gli altri disgraziati

speriamo, di non essere coinvolti

anche se ci sfiora il pensiero

potrebbe essere l'occasione

di morire una volta per tutte

di farla finita
con questa miserabile vita
ma all'idea di affogare incatenati
prevale sempre
l'istinto di sopravvivenza.
Malgrado le perdite
è Genova ad avere la meglio
pretende la liberazione
dei suoi compatrioti forzati
chi sa scrivere, è prioritario
sono tra loro.
Ironia della sorte
oggi, incomincia
la mia libertà
ritorniamo in patria

portando con noi

un prigioniero importante

non l'ho visto

ma lo chiamano Marco Polo

oggi, incomincia

la sua prigionia.

La prima biblioteca*

Assurbanipal, era re illuminato
ha voluto la prima biblioteca
la immaginava come un archivio
per conservare testi inerenti
a tutti i saperi del mondo
ogni conoscenza
acquisita dall'umanità
nel suo progressivo
arricchimento spirituale.
Dava molta importanza
affinché fosse tenuta in ordine
e organizzata
migliaia di tavolette d'argilla
scritte in akkadico e sumero
calligrafia cuneiforme.

* *Rotta per l'India*, Angelo Rizzi, ed. BoD, 2016

Sono *tupšarru* nella prima lingua **

dub sar nella seconda

"colui che scrive sulle tavole"

uno scriba, uno dei tanti

in questo vasto impero.

Sono ancora principiante

la pratica come allievo

è quasi alla fine.

la preparazione

è spesso lunga

con compiti e impegni

dall'alba al tramonto

molta disciplina

c'è persino un sorvegliante

sempre armato di frustino

** pr. : tupsciarru

con lui non ho a che fare

sono giovane maturo

molto saggio

gli studi costano cari

il traguardo

è uno statuto speciale.

Corsaro turco

Dall'alto delle mura
dalla fortezza
con il mio superiore
discuto camminando
delle nostre prossime azioni
del divenire del nostro ordine
di noi, Cavalieri di Malta.
Osservo la bruma
confonde il cielo con il mare
cancellando l'orizzonte
in un grigiore unificato.
Mi zittisco d'improvviso
qualcosa mi intriga
il *gran maestro* lo nota
il suo sguardo si unisce al mio

nella stessa direzione.
Movimenti imprecisi
qualcuno, qualcosa
attendiamo impazienti
le immagini prendono forma
una nave, due, tre
sono cinque.
Amici o nemici?
Diamo l'allarme
i fratelli si agitano.
Tutti alle armi!
Sono navi leggere, veloci
son catalani
chiedono viveri, acqua
informazioni.

Stanno inseguendo

un corsaro turco

piuttosto famoso

ne abbiamo inteso parlare

ha compiuto una grande razzia

verso le isole Baleari

con grande bottino

di cose e persone.

L'ostacolo

Ho partecipato alla colletta
alla selezione
delle tavole d'argilla
viaggiando per tutto il regno
mi accompagnava
un altro scriba, un allievo
essendo più giovane
mi faceva da servitore
era la regola sociale
la nostra educazione
nessuno aveva da ridire.
Una volta sola
nel nostro peregrinare
durante la nostra cerca
abbiamo incontrato un ostacolo

tre predoni
incontrati sul cammino
ci impedivano il passo.
Sorpresi nel vedere
che sotto la tunica
celavamo daga e pugnale
abbiamo ferito il più vicino
sicuro di sè
spavaldo, arrogante
con la sua aria da capo.
I ladroni colti all'improvviso
hanno preso la fuga
lanciando verso noi
mille e mille maledizioni.

Tutti corsari

Giungono due battelli
di pescatori
al largo, hanno incrociato
la nave turca, andava lesta
con venti a favore
di sicuro
in direzione di Tripoli
ha molto vantaggio
ormai è troppo lontana
i catalani son risoluti
nel continuare la battuta.
A mio avviso, sperano
attuare a loro volta
una razzia
dove capita capita

per salvare la faccia
per non ritornare
con le mani vuote.
Non dico nulla
li osservo
non gradisco queste persone
volto loro le spalle
me ne vado
ho molto da fare
tocca a me, organizzare
una spedizione punitiva.
Dobbiamo castigare
corsari francesi
hanno attaccato
le nostre coste

siamo informati
li possiamo trovare
la loro tana è una baia
chiamata Tolone.

Due astronomi

Nel giardino di Wallenstein*
Keplero mi ritrovò
come d'accordo.
Mi ero coperto meglio
in modo opportuno, adatto
il freddo di quell'inverno
era inabituale, troppo rigido
ogni centimetro di pelle
scoperto, era esposto
 ad improvvisi colpi di vento
pungenti, graffianti
come mille taglierini.
Osservavo le mie impronte
la neve posata sulle statue
sulle siepi

* *Rotta per l'India*, Angelo Rizzi, ed. BoD, 2016

quando arrivò.
A sua volta
mi diede un manoscritto
da portare in Italia
era il suo capolavoro
destinato a Galileo
in contropartita
di quello ricevuto.
Avevo già organizzato
il viaggio di ritorno
non volevo restare
un minuto di più
troppo freddo per me.
Giunto a destinazione
consegnai il libro

al segretario.
Il suo principale
non l'ho mai incontrato
un carattere burbero, scontroso.
A quanto pare
non ha mai inviato una risposta
un resoconto, un commento
al suo collega
e penso di sapere il perché...

Spedizione punitiva

Ci affaccendiamo con le lanterne
le ultime verifiche
il cielo sgombro di nubi
è meno buio, il suo nero sfuma
si addolcisce
adoro questo istante
provo una pace intima, interiore
sono soggiogato dalle tinte
dalle sfumature in rapido movimento.
Salpiamo da Malta con quattro navi
vento in poppa, ci sentiamo sicuri
il nostro ordine è all'apogeo
siamo quasi tutti nobili
provenienti da diversi paesi
la nostra gloria in ascesa

ne sta attirando altri.
Il pomeriggio è alla fine
ci avviciniamo, rasentando la costa
per non arrivare di fronte
per non essere visti
la strategia funziona
li cogliamo di sorpresa
vi è una breve battaglia
abbiamo noi la meglio.
Con precise bordate
affondiamo due navi corsare
non le scegliamo a caso
abbiamo una rete di informatori
sparsa in tutto il Mediterraneo
alcuni condividono le nostre idee

le nostre azioni
altri, sono ben ricompensati.
Riprendiamo il mare
restando lungo la costa
mentre il sole scende
dalla parte opposta
di nuovo un gioco di tinte
amaranto, carminio, ciliegia
scarlatto, cinabro, cremisi violaceo
rubino, vermiglio
bordato di giallo arancione.
Lo spettacolo sfuma rapidamente
ridiscendono le ombre
adoro questo istante, all'imbrunire
quando si confondono

il mare con il cielo
il giorno con la notte
provo di nuovo
un sentimento di pace.
Sostiamo in un porto amico
abbiamo molti punti d'appoggio.
L'indomani è lieto
scivola soavemente
e ci accompagna
in lontanaza avvistiamo
la fortezza di Sant'Elmo
inviamo segnali a distanza
la missione ha avuto successo.
Sugli spalti è festa, esultano
giubilano, i Cavalieri di Malta.

Indice

5 - Biografia

9 - Presentazione

Il terzo viaggio

17 - L'interlocutore
21 - La prima teoria
24 - La miniatura
27 - La seconda teoria
29 - La scatola
32 - La terza teoria
37 - Nuove competenze
38 - Missione segreta
41 - La cerimonia
43 - *Troubadours*
48 - A Leuttra, d'estate

52 - Resilienza
54 - I due generali
58 - A ritmo di staffile
61 - *Sympósion*
68 - Libertà
72 - La prima biblioteca
75 - Corsaro turco
78 - L'ostacolo
80 - Tutti corsari
83 - Due astronomi
86 - Spedizione punitiva